LE
MARIAGE

CHRÉTIEN

DISCOURS DE MGR MEIGNAN, ÉVÊQUE DE CHALONS,

POUR LA BÉNÉDICTION DU MARIAGE

DE MLLE JOSÉPHINE MEIGNAN AVEC M. HENRI CREUSET,

MÉDECIN DANS LE CANTON DE LAGRAVELLE, DÉPARTEMENT DE LA MAYENNE.

(2 FÉVRIER 1875.)

CHALONS-SUR-MARNE

IMPRIMERIE T. MARTIN, PLACE DU MARCHÉ-AU-BLÉ, 50.

1875.

LE MARIAGE CHRÉTIEN

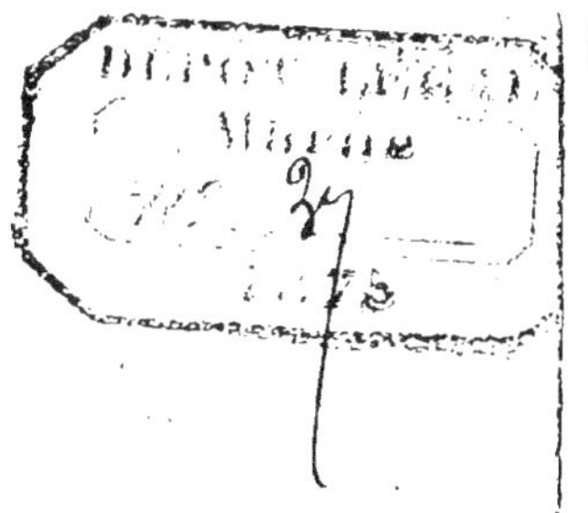

LE

MARIAGE

CHRÉTIEN

DISCOURS DE MGR MEIGNAN, ÉVÊQUE DE CHALONS,

POUR LA BÉNÉDICTION DU MARIAGE

DE MLLE JOSÉPHINE MEIGNAN AVEC M. HENRI CREUSET,

MÉDECIN DANS LE CANTON DE LAGRAVELLE, DÉPARTEMENT DE LA MAYENNE.

(2 FÉVRIER 1875.)

CHALONS-SUR-MARNE

IMPRIMERIE T. MARTIN, PLACE DU MARCHÉ-AU-BLÉ, 50

—

1875.

LE
MARIAGE CHRÉTIEN

Discours de Mgr Meignan, Evêque de Châlons,
pour la Bénédiction du Mariage de Mlle Joséphine Meignan,
avec M. Henri Creuset, médecin dans le canton de Lagravelle
(département de la Mayenne).

2 FÉVRIER 1875.

Monsieur et Mademoiselle,

> Sacramentum hoc magnum
> est ; ego autem dico in
> Christo et in Ecclesia.
> (Ep. aux Ephés., V. 32.)

Quand on considère les hauteurs où Dieu a placé le mariage, et que l'on voit jusqu'où les erreurs humaines l'ont fait descendre, on éprouve un étonnement douloureux.

I

Dieu créa le mariage, au Paradis terrestre, dans la sainteté, l'unité et l'indissolubilité, conditions constitutionnelles et premières de l'union conjugale.

Le Créateur établit le mariage dans la sainteté, car il fit l'homme et la femme à son image, *ad similitudinem suam, masculum et feminam creavit eos.* Ève ne pouvait lever son regard modeste et doux sur Adam sans voir rayonner sur le front de son époux le signe auguste de l'autorité et de la majesté divines ; et Adam ne contemplait point son épouse sans admirer et bénir en elle le reflet de la beauté, de la bonté, de la tendresse et de l'amour de Dieu, ravissants témoignages de la Providence, qui avait veillé avec tant de sollicitude et de générosité sur la première société humaine. Ne craignez pas que l'enivrement des premières amours vienne en ternir la sainteté. La pensée du Seigneur y est présente ; tous les rapports d'Ève et d'Adam sont saints : *ad similitudinem suam... masculum et feminam creavit eos.*

Dieu établit le mariage dans l'unité. Il ne donne à Adam qu'une seule compagne : *erunt duo in carne una.*

La polygamie, contraire à la paix de la famille, principe fatal de querelles, d'inévitables jalousies dans le ménage et entre les enfants, vicie essentiellement l'égalité du contrat matrimonial : la femme se devant exclusivement à son mari, celui-ci se doit exclusivement à elle. Le plus vif sentiment du cœur, l'amour, ne se partage point. La bienveillance se distribue ; l'amour n'a qu'un foyer et une indivisible flamme. L'unité dans le mariage est donc à la fois la loi de la justice, de la sagesse, de la nature et la loi de Dieu. Moïse n'établit point la polygamie ; il la restreignit, ne pouvant la détruire ; il la toléra plus qu'il ne la permit. Ce fut, comme l'a dit

Jésus-Christ, avec tristesse, *ad duritiam cordis*, que Moïse subit ici la loi de la nécessité. Mais Dieu n'a toléré que pour un temps ce qu'il n'avait point établi au commencement, *ab initio non fuit sic*. Victime d'un mal que le Christ a condamné, l'Orient aujourd'hui s'affaisse au sein de la polygamie. L'obstacle le plus grand au progrès moral et social, que le missionnaire chrétien cherche à réaliser, est de l'avis de tous, la violation de la loi de l'unité dans le mariage.

Dieu établit le mariage dans l'indissolubilité. Voici, s'était écrié Adam en recevant des mains de Dieu sa compagne, voici les os de mes os, la chair de ma chair ; *ecce caro de carne mea et os de ossibus meis*. On ne se sépare ni de sa chair ni de ses os.

Qui ne voit de prime-abord que, par sa nature, le mariage est un contrat d'une espèce à part ; qu'il n'est point résiliable comme les autres par le seul fait de la volonté des contractants, et que la durée lui est essentielle ?

Si le mariage n'est pas indissoluble, l'égalité des partis dans le contrat est odieusement violée. Est-ce que le lendemain d'un divorce la condition de la femme est égale à celle du mari ? Il est une dot qu'elle a apportée et que celui-ci ne peut lui rendre : son charme de jeune fille, la fleur délicate de sa première beauté, le premier éveil d'un cœur affectueux ! Quel dommage n'apportera pas à la dignité de la femme séparée ces dures qualifications qui s'attacheront dorénavant à son nom : *répudiée, divorcée.*

Si le mariage n'est pas indissoluble, s'il est possible de le rompre quand on le veut, il devient une affaire presque sans conséquence, au moins pour le mari : dès lors, quelle légèreté ne mettra-t-il pas à le contracter ? Se résignera-t-il jamais à supporter les inégalités d'humeur, les défauts de l'humaine nature et jusqu'à la monotonie de la vie conjugale ? De part et d'autre on prendra feu à l'occasion des mille contrariétés du ménage ; et, pour un rien, comme l'on dit, on se mettra le marché à la main. Et cependant, dans le cas de divorce, que deviendront les enfants? L'éducation de l'enfant est une œuvre commune au père et à la mère : chacun d'eux a ici son rôle nécessaire. Si la mère est seule, son autorité manquera de l'appui que Dieu lui a donné dans son mari ; si le père est seul, l'enfant souffrira toute sa vie de cette lacune immense qu'introduit dans l'éducation morale de l'enfant l'absence de la tendresse, de la vigilance, de la douce, persuasive et sainte autorité de la mère. Le pauvre enfant qui aura suivi le père dans la séparation pourra-t-il conserver l'amour ou même le respect qu'il doit à sa mère? Dans l'autre cas, que n'entendra-t-il pas contre l'auteur de ses jours? S'il est placé auprès d'un beau-père, d'une belle-mère, comment en sera-t-il accueilli et traité?

Hélas! le divorce, que certains moralistes suspects désirent et appellent comme un progrès social, ne serait-t-il pas, au contraire, le fléau caractéristique d'une société abandonnée de Dieu ? L'expérience des pays où le divorce a été introduit par l'hérésie vient jeter sur l'infidélité à la loi de Dieu, à l'égard du mariage, une lumière sinistre. Le mariage chez le peuple y devient un odieux concubinage : les familles que les alliances devraient unir, se vouent par suite des divorces, dont le nombre augmente d'une manière effrayante, des haines héréditaires ; et le mal des familles devient celui de l'Etat.

Mais revenons au mariage tel que Dieu l'a établi.

Pour dire combien le premier mariage, basé sur ces trois grandes lois constitutionnelles de la sainteté, de l'unité et de l'indissolubilité, fut heureux tant que l'homme vécut dans l'innocence et quelles furent ses enchantements et ses chastes délices, il faudrait plus que les antiques traditions du bonheur de l'Éden, il faudrait plus que la poésie du poète chrétien Milton, il faudrait les chants sacrés du Cantique des Cantiques.

II

Mais le péché vint et à sa suite deux tyrans de la vie domestique et sociale : le despotisme et la sensualité. La femme perdit bientôt la couronne dont Dieu avait ceint le front de la première épouse ; elle devint à des degrés divers la captive, la servante, l'esclave du mari, voire même une partie de sa propriété mobilière, réservée pour les services pénibles de la famille, sacrifiée au bon plaisir de l'homme.

Il est un tableau, non point peint mais vivant, que le voyageur peut rencontrer aisément en Orient, et particulièrement en Afrique. Au milieu du désert, dont ce pays, brûlé du soleil, offre presque partout l'aspect, cheminent ensemble les membres d'une famille. Le mari est nonchalamment assis sur un cheval couvert de sa housse de laine ou de soie ; derrière vient la femme, portant le fardeau du voyage ; elle est à pied et elle suit comme elle peut.

Les peuples civilisés, les Grecs, les Romains tempérèrent au nom de la justice et de l'humanité la rigoureuse et honteuse condition de la femme ; mais on n'a pas de peine à découvrir dans le texte même de ces lois, en partie protectrices, les traces manifestes de la condition humiliée de la femme dans le mariage payen. Les *justæ nuptiæ* des Romains respirent la défiance, l'injustice et consacrent l'oppression de la femme.

La loi de Moïse défendait mieux que toutes les législations payennes la dignité de l'épouse, mais elle ne détruisait pas les conséquences de cette malédiction ou plutôt de cette prophétie que Dieu fit entendre à Ève coupable : *multiplicabo ærumnas tuas, ... sub viri potestate eris et dominabitur tui.*

Il serait bon, il serait utile, sans doute, dans un siècle où on n'estime pas à leur prix les bienfaits de l'Evangile, de montrer d'une manière moins sommaire ce qu'étaient avant lui les hontes et les abaissements de la femme en Orient, en Grèce, à Rome et même en Judée ; mais nous sommes bien forcés de nous rappeler que nous ne faisons point ici un traité, mais un discours qui aura nécessairement ses lacunes.

III

C'était au Christ Rédempteur qu'était réservé l'honneur de relever la femme humiliée et de lui donner, dans la famille et dans la société, la place et le rang qu'elle avait perdus.

On dit, et c'est vrai, que la partie la plus chrétienne de nos populations est le sexe le plus faible. Au milieu de la défection trop générale des hommes, les femmes se montrent plus constantes, plus fermes dans la foi. Elles ont mille fois raison, ne serait-ce que par le sentiment de ce que le Christ et l'Eglise ont fait pour elles. Jamais leur reconnaissance n'égalera le bienfait ; la meilleure garantie de leur dignité dans le mariage se trouve et demeure dans le dogme chrétien.

Le Christ a fait du mariage de la nouvelle loi un grand sacrement : *magnum hoc sacramentum* ; il a restauré, il a créé cette admirable et sainte institution sur un plan à la fois ancien et nouveau : *ego autem dico in Christo et in Ecclesia.* Non-seulement il a replacé le mariage sur ses bases premières et essentielles, la sainteté, l'unité, l'indissolubilité, mais encore en l'élevant à la dignité de sacrement, il lui a donné des grâces et des perfections divines.

Le Créateur avait placé le principe et l'obligation de sainteté du premier mariage dans la ressemblance de l'homme et de la femme avec Dieu : le Christ Rédempteur placera le principe de la grandeur nouvelle du mariage chrétien dans la ressemblance de l'union matrimoniale avec l'Union de Jésus-Christ et de son Eglise. La dilection, la générosité de Jésus-Christ à l'égard de son Eglise, le don de lui-même et de sa vie à cette Eglise sont le type et le modèle de l'amour, du dévouement du mari pour sa femme. L'obéissance, le respect, la fidélité, l'amour de l'Eglise envers Jésus-Christ sont, d'autre part, le type et le modèle de l'obéissance, du respect, de la fidélité et de la tendresse de l'épouse à l'égard de son époux. Tous les devoirs du mariage chrétien sont renfermés dans ce rapprochement ou plutôt dans cette assimilation ; toutes ses grandeurs en dérivent. Ecoutez saint Paul formulant l'enseignement qu'il tenait du maître, le Sauveur Jésus, et exposant la nature du mariage chrétien. Il énumère les devoirs mutuels de l'époux et de l'épouse : *viri, diligite uxores vestras sicut Christus dilexit Ecclesiam.*

Diligite. L'époux doit aimer. S'il ne se sent pas au cœur l'attrait, la flamme de la dilection, il n'est pas fait pour le mariage ; sa vocation est ailleurs ; car, sans l'amour, sans la patience, l'indulgence, le courage qu'il inspire, comment supporter toutes les charges, toutes les épreuves du mariage ? Comment vivre toute une vie, dans l'intimité du jour et de la nuit, face à face et sans pouvoir se dérober, avec les mêmes défauts, les mêmes murmures et les mêmes reproches ?

Diligite uxores vestras. L'époux doit aimer son épouse, l'aimer d'un amour constant, fidèle, sans partage, sans regret ; il doit aimer la personne, non la dot, la fortune, le rang, les avantages qu'il attend de sa nouvelle famille.

Le mariage chrétien ne sera ni un calcul ni un marché.

Le mari doit aimer dans la personne de son épouse ce que Jésus-Christ a aimé dans son Eglise : la pureté, la vertu, l'amour, la fidélité, le dévouement jusqu'au sacrifice, jusqu'à la mort. Sans doute, on peut aimer encore la beauté quand elle se rencontre avec

.la vertu. Mais la beauté ne peut être le motif principal.

La beauté est une fleur qui se fane vite, et elle n'attache point assez solidement les cœurs. La main se lasserait bientôt de porter la fleur la plus rare, et l'odorat de respirer longtemps le parfum le plus fin. Que dis-je ? la beauté, ce charme puissant, mais éphémère, est un danger, et les couples les plus beaux ne sont pas toujours les plus heureux.

L'amour de l'époux doit puiser sa vie, sa perpétuelle jeunesse, dans l'estime, dans l'admiration des douces et fortes vertus de la femme chrétienne, et cet amour doit être généreux. A cet égard, quel modèle de la générosité dans l'amour nous offre Jésus-Christ ! Il a tout donné à son Eglise : les fatigues d'une vie laborieuse et agitée, ses enseignements, ses exemples, ses sacrements, son sang, son propre héritage, le ciel ! *Se ipsum tradidit pro ea.*

Epoux, vous aimerez donc d'un amour

large et généreux. Cet amour s'étendra à tout. Ménagez un sexe souvent si faible et si délicat ; l'apôtre vous y convie. Le mari, dit-il, sera le protecteur et le sauveur de la santé ou de la vie de son épouse : *salvator corporis ejus*. Que de choses dans ces simples paroles !

Mais appellerai-je sauveurs de la santé de leur femme ces maris qui, par orgueil ou par égoïsme, leur imposent la gêne inutile, les fatigues, les veilles d'un monde qui fait de la nuit le jour et du jour la nuit ? Que de jeunes femmes ont été victimes d'imprudences faciles à éviter, mais dont les suites fatales n'ont point été conjurées par des larmes tardives versées sur un linceul !

Parmi les devoirs du mari qui se rapportent à l'âme, saint Paul se plaît à décrire celui de rendre sa femme chrétienne : *mundans lavacro aquæ*. En effet, c'est à l'homme, dont l'intelligence est plus étendue, l'instruction plus solide, le jugement plus ferme, qu'il appartient de nourrir sa compagne, comme dit l'Apôtre, de la parole de vie : *verbo vitæ ;* c'est au mari de compléter l'instruction religieuse, de fortifier la foi, d'échauffer la piété de sa compagne. Saint Paul, pour faire ressortir le précepte, insinue une charmante comparaison. Dans l'ordre spirituel, le mari doit imiter la nourrice et ses soins maternels. Il prépare, proportionne et mesure la nourriture doctrinale qu'il sert à sa compagne : *nutrit eam.* Comme la mère qui réchauffe l'enfant sur son sein, le mari doit faire passer dans le cœur de sa compagne la chaleur communicative de la piété qui rayonne du sien : *et fovet eam.* Il doit chérir, il doit cultiver lui-même la beauté de cette âme avec un soin jaloux. Ce n'est point assez que cette chère âme soit belle, il faut, comme dit l'Apôtre, qu'elle soit sainte, immaculée, glorieuse : *ut sit sancta, immaculata… gloriosa.*

Si de ces grandeurs du mariage chrétien on revient aux réalités du temps présent, quel renversement complet afflige la vue et trouble le cœur ! Ce n'est plus, depuis longtemps, le mari qui guide son épouse dans l'étude de la religion et dans l'accomplissement du devoir envers Dieu. Non, l'exemple ne vient plus de lui. C'est le contraire qui est le vrai : trop souvent sa vie est le scandale de l'épouse.

L'absence d'éducation sérieusement morale et, à tout prendre, grossière au collége, la licence des écoles, la contagion d'un monde sans croyances, toutes ces causes font que le mari, bien loin de la pousser à la vertu, estime souvent sa femme trop croyante, trop modeste, trop pieuse, trop fervente. Les rôles sont renversés : ce n'est plus l'homme qui inspire à la femme le sentiment sérieux du devoir et l'instruit de sa foi, c'est la femme qui doit y ramener son mari, trop heureuse si elle y réussit.

IV

Lorsque saint Paul, après avoir indiqué les devoirs du mari, traite de ceux de la femme, on éprouve en le lisant quelque embarras et quelque étonnement.

L'Apôtre, qui a insisté sur l'obligation pour l'homme d'aimer sa compagne d'un amour généreux, fondé sur la vertu, plein de sollicitude, ne recommande point la dilection à la femme et ne mentionne aucune de ses conditions. Il se borne à lui faire un devoir absolu de l'obéissance : *Mulieres viris suis subditæ sint.*

La femme serait-elle moins obligée à l'affection parfaite ? Assurément non. Serait-il moins nécessaire de lui en faire un commandement parce que, naturellement plus affectueuse, elle s'attache à son mari comme le lierre s'enroule à l'arbre qui lui offre son appui? Je ne sais. L'expérience ne le montre pas toujours.

Ce qui me paraît évident, c'est que l'affection est implicitement comprise dans le commandement de saint Paul : *Mulieres viris suis subditæ sint.* Saint Paul ne pouvait prescrire une obéissance passive, contrainte, servile, indigne du chrétien ; il a entendu l'obéissance affectueuse, généreuse et dévouée. S'il ne parle que de l'obéissance, c'est qu'il a saisi l'ensemble des devoirs de la femme par le côté primaire et essentiel, c'est-à-dire l'arbre par sa tige.

L'obligation première à laquelle tiennent et aboutissent toutes les autres est, pour la femme, l'obéissance. La femme obéissante sera affectionnée, fidèle, laborieuse, et elle réalisera cette parole de la Sainte-Écriture : *pars bona, mulier bona.*

On est disposé, principalement de nos jours, à s'étonner de l'étendue de l'obéissance demandée par saint Paul dans les textes suivants : *Mulieres subditæ sint sicut Domino… sicut Ecclesia Christo.* Le commandement du Christ est toujours sage, juste, saint ; l'on comprend aisément que l'obéissance à son égard soit absolue. Mais les volontés du mari ne présentent pas ces garanties ; ses volontés, elles peuvent être déraisonnables, passionnées, excessives, injustes. Comment accorder l'obéissance avec l'imperfection du commandement ?

Disons d'abord que l'Apôtre ne commande point aux femmes l'obéissance absolue qui n'est due qu'à Dieu. Saint Paul ne veut point étendre l'obligation d'obéir au-delà des choses licites. Si l'homme commande le péché, il faut, puisque Dieu le défend, obéir à Dieu plutôt qu'aux hommes : *melius est obedire Deo quam hominibus.*

Il y a plus, les lois humaines, la nature, la raison, les conditions du mariage viennent ici limiter l'autorité du mari.

L'épouse a ses droits ; et sans vouloir prétendre ici que les belles promesses du prétendant avant le mariage, constituent toutes des engagements sérieux, puisque les jeunes filles savent ou doivent savoir que ces promesses sont d'ordinaire hyperboliques et trompeuses, cependant, quand on a fait la part à l'exagération, à la flatterie, à ce qu'il y a de suspect dans un désir immodéré de plaire et de brusquer un dénouement, un *oui,* un consentement convoité, il ne faut pas croire qu'il ne reste absolument rien de tant de condescendances annoncées, de tant d'attentions délicates et d'adorations promises ; il reste un *minimum* : on a promis de traiter sa femme non point comme une esclave, mais comme une compagne ; de la régir sans tyrannie, sans rigueur, inspirant l'amour plutôt que la crainte. C'est bien, en effet, dans les limites de cette autorité bienveillante que saint Paul enferme celle des maris, puisqu'il leur a dit : *Nolite esse amari ad illas* : « ne soyez point amers à l'égard de vos épouses. »

Le mari ne peut imposer à sa femme tout ce qu'il commanderait, il faut le dire, à une servante. Elle lui est subordonnée, mais elle est de même condition que lui, et, comme dit saint Augustin : *viro nec domina, nec ancilla, sed socia.* Dans cette association entre égaux par le rang et l'éducation, les époux doivent s'honorer mutuellement ; et le devoir des maris est exprimé dans cette parole de saint Pierre : *Mulieri impartientes honorem tanquam et cohœredibus gloriœ.* Ils doivent respecter en elles des cohéritières qui participent à tout ce qui compose leur fortune et leur gloire. L'harmonie dans le mariage n'est possible qu'à la condition pour les conjoints de comprendre ce qu'ils sont l'un à l'autre; et le mari ne peut ni ne doit commander qu'en se pénétrant bien des proportions et des convenances qui doivent tempérer toutes ses volontés.

Ces réserves, faites pour l'honneur du mariage chrétien, ont aussi été indiquées par saint Paul, lorsqu'il a dit : *Mulieres, subditœ estote viris, sicut oportet, in Domino* (1), femmes, soyez soumises à vos maris ainsi qu'il convient, *sicut oportet;* et lorsque le même Apôtre a ajouté : *Viri, diligite uxores vestras et nolite amari esse ad illas;* maris, aimez vos femmes, et ne soyez point amers envers elles.

(1) Ep. Colos. III, 18, 19.

Mais, ces réserves étant admises, l'obéissance doit être complète et s'étendre à tout le reste. Le commandement de l'Apôtre est formel : *Sicut Ecclesia subjecta est Christo ita et mulieres viris suis in omnibus* ; comme l'Eglise est soumise au Christ, ainsi les femmes sont soumises à leurs maris *en toutes choses, in omnibus.*

Ah ! sans doute, le mari peut errer quand il commande, et l'Apôtre le savait bien. Mais, dans l'ordre purement humain, où se trouve un pouvoir préservé de toute erreur ? Et qui en décidera sûrement ? L'Eglise seule a le privilége d'avoir dans les controverses un magistère, un juge suprême infaillible. Une autorité sujette à errer ne laisse pas, si elle est légitime, de s'imposer à l'obéissance aussi bien qu'au respect. Dans toute société, par conséquent dans la famille, l'autorité du chef ne peut être un instant absente, incertaine, douteuse. L'épouse peut et doit chercher à éclairer son mari ; elle expose les faits comme elle les sait, les raisons comme elle les comprend ; elle conseille, elle exhorte, elle supplie, elle use des industries de l'affection ; elle met dans la balance le poids de ses vœux et de ses prières. La famille est un gouvernement de conseil et d'entente mutuelle ; mais les raisons données, la cause entendue, les vœux et les prières écartées, la volonté du mari s'impose ; et l'épouse, dans l'ordre de choses licites et non réservées, n'a plus qu'à obéir. Elle est persuadée que le mari se trompe, mais son jugement à elle peut aussi s'égarer. En exécutant une volonté qu'elle n'approuve pas, la femme doit imiter le capitaine obéissant à un ordre inopportun de son général. Il diminuera par une exécution intelligente les inconvénients du commandement.

L'autorité dans le mariage ne peut se partager par moitié de manière à se combattre, se neutraliser, se détruire elle-même. Car *toute maison*, dit le Seigneur, *divisée contre elle-même, tombera en ruines*. C'est une erreur toute moderne, très-dangereuse pour la paix des ménages, que ce manichéisme domestique d'après lequel le pouvoir dans la famille se mesure également entre le mari et la femme. Ce principe est contraire à la Sainte Ecriture ; car, selon elle, l'homme est le chef de la femme : *Vir caput est mulieris, sicut Christus caput est Ecclesiæ*.

L'homme qui méditera ce texte sacré et qui l'aura compris ne sera point tenté d'abuser de son autorité, qui ne peut être arbitraire. Selon l'Apôtre, il est à la femme ce que la tête, siége de la raison, est au corps, ce que le Christ, la sagesse éternelle, est à son Eglise qu'il guide dans les voies de la justice et de la paix. Ici point de joug tyrannique. Le joug du Seigneur est doux et léger : *jugum meum suave est et onus meum leve*.

IV

Monsieur et Mademoiselle,

En traitant avec le développement que je lui ai donné le sujet important des vraies conditions du mariage chrétien, j'ai eu le tort de trop oublier que je ne vous disais rien et ne pouvais rien vous dire que vos deux familles ne vous eussent dès longtemps appris mieux encore par l'exemple que par les paroles.

En effet vous avez l'un et l'autre le privilége, qui devient chaque jour plus rare, d'être nés de parents sérieusement chrétiens.

Dieu a béni les tendres soins et les leçons qu'ils vous ont prodigués. Du milieu de ces familles de foi sont sorties avant vous des âmes d'élite prêtes à toutes les vertus et à tous les dévouements. Au moment même, Mademoiselle, où deux de vos frères exposaient leur vie, dans la dernière guerre, sur nos tristes champs de bataille, au moment où l'un d'eux tombait pour ne plus se relever sous les balles prussiennes, à la tête des jeunes mobiles de son département, votre sœur aînée quittait les douceurs et les tendresses de la maison paternelle pour soigner les malades dans les hôpitaux, faisant ainsi l'apprentissage de la vie religieuse où elle est depuis entrée. Et vous, Monsieur, comme si la Providence avait ménagé dès longtemps des ressemblances, des harmonies entre votre famille et celle de votre fiancée, vous aussi, vous avez une sœur qui a quitté le monde pour le service des pauvres et de Dieu.

En obéissant à une autre vocation, vous conserverez l'un et l'autre, au milieu d'un siècle sceptique et froid, l'intégrité et la chaleur des mêmes croyances religieuses que vos sœurs ont emportées dans le cloître. En ce temps où le caractère fait défaut, où tant d'esprits vulgaires n'ont ni assez de ressort, ni assez d'étendue pour s'élever aux fortes et salutaires convictions en matière religieuse et s'y montrer fidèles, vous conserverez avec une légitime fierté la foi pratique de vos ancêtres.

Quand vous vous êtes offert à la nouvelle famille qui vous adopte aujourd'hui, Monsieur, vous aviez pour y être agréé, non-seulement la réputation que vous vous êtes acquise par les qualités de votre cœur et de votre esprit, mais encore la recommandation que donne une position honorable, vaillamment et brillamment conquise par le travail.

L'assiduité, le dévouement, la générosité dans l'exercice de vos fonctions de médecin, plaidaient puissamment votre cause, devant une mère qui ne s'est jamais accordé d'autre plaisir que celui du parfait accomplissement du devoir de mère et de maîtresse de maison. Le fait d'avoir créé vous-même votre position sociale vous recommandait à un père qui a moins eu l'ambition de laisser à ses enfants une grande fortune, que la volonté ferme et de leur inspirer la crainte de Dieu, et de leur ménager, avec le secours d'une éducation complète, non-seulement les moyens, mais encore les habitudes du travail, la supériorité que donnent des traditions d'ordre, de discipline, d'économie sur l'opulence molle et désœuvrée. Dès mes premières années j'ai souvent entendu répéter dans ma famille qu'à la richesse oisive il fallait préférer la vertu et le travail. Vous avez été élevés dans les mêmes maximes ; et si nos ancêtres avaient eu à choisir une devise, ils auraient pu l'écrire en deux mots : *religion* et *travail*

C'est donc avec une légitime assurance que des parents, justement difficiles quand il s'agit du mariage de leurs enfants et de leur avenir moral et chrétien, remettent et confient leur enfant bien-aimée à votre religion, à votre loyauté et à votre honneur. Cette douce et modeste jeune fille a été formée à toutes les vertus qui peuvent orner un foyer et en assurer le bonheur. Elle va laisser ici, dans la paroisse, dans la maison paternelle, un vide qui sera douloureusement senti. Des sœurs, des frères qui la chérissent ne se consoleront qu'en la sachant heureuse par vous et avec vous.

Puisse l'auteur de toute grâce et de toute bénédiction sanctifier et consacrer cette union, vous accorder une nombreuse famille, seul gage efficace de postérité, garantie principale de la discipline domestique et des mérites devant Dieu !

Puisse-t-il adoucir pour vous les épreuves inséparables de la vie, ou du moins vous donner le courage de les porter vaillamment, pour que vous acquériez par là un titre et un droit à la bienheureuse éternité.

Châlons, Imp. T. Martin.